KB266549

좋은글
긴생각
필사노트

힐링과 행복을 위한

좋은글
긴생각
필사노트

읽고, 메모하고, 느끼고, 실천하고, 함께하다

강민구 편저

읽고 쓰기만 해도 미소가 가득해지는 좋은글 긴생각
자존감과 자신감을 높혀주는 힐링의 좋은글 긴생각
희망과 꿈의 멘토, 자기 긍정을 위한 좋은글 모음

북씽크

우리 주위에는 수많은 글들이 있습니다. 그 많은 글 중에서 자신의 마음을 이해하고, 배려해주고 함께 어루만져 줄 글들은 그리 많지가 않습니다.

이 책에 수록된 글들은 많은 작가의 글 중에서 우리의 마음을 좀 더 배려해주고 다가설 수 있는 글들을 선택하였습니다. 우리는 이러한 글들을 좋은 글이라고 합니다.

또한 〈좋은글 대사전〉을 통해서 많은 독자와 함께하였습니다. 이 책에서 다시금 언급되는 글들은 그 글 중에서도 많은 분이 더 공감해 주신 글들입니다. 〈좋은글 필사노트〉에서 다루지 못했던, 아쉽고 소중한 글들을 함께하자는 의견들이 많아 새로운 책으로 엮었습니다.

이러한 공감하는 좋은글을 눈으로 보고, 입으로 읽고 하는 것도 좋지만 직접 펜을 들고 한 자 한 자 써가면서 음미하고 긍정하고 희망을 느끼면 그러한 글들은 우리에게 내일의 멘토가 되고, 실천의 밑거름이 될 것입니다.

또한 우리가 살아가는 데 꼭 필요한 말과 글의 능력은 얼마나 많은 멘토 역할을 하는 글들을 알고 있느냐의 문제입니다. 〈좋은글〉은 그런 의미에서도 아름다운 표현의 멘토, 다양한 표현의 멘토를 함께 함으로써 자신의 식견과 표현력을 향상시킬 수 있다고 생각됩니다.

이제 여러분과 좋은글의 만남을 통해 내일의 희망과 긍정, 배려, 사랑을 느껴보겠습니다. 아름다운 글, 좋은 글을 아름답게 써보고, 한 자 한 자 느껴봄으로써 힐링의 시간, 든든한 멘토를 가져보시기 바랍니다.

이러한 마음을 다른 사람과의 만남과 관계를 통해 비우고, 알맞게 채워 아름다운 세상살이를 해나갈 수 있습니다. 그런 면에서 이 책이 독자분들과 의미 있는 만남이 되었으면 합니다. 또한 미소 짓는 관계가 되었으면 합니다.

1장 · 감사와 겸손

2장 · 마음과 감정

5장 · 인연과 지혜

1장

감사와 겸손

괴로울 때 생각할 것

어떤 일이 당신을 괴롭게 할 때는
다음과 같이 생각하라.

첫째, 다른 사람들은 이보다
괴로운 일을 더 많이 겪고 있을 것이다.

둘째, 예전에도 이보다 더
괴로운 일이 나에게 닥쳐왔지만
지금은 오히려 추억거리가 되지 않았는가.

셋째, 지금 나를 괴롭히는 이 일은
언젠가는 좋은 경험이 되어 이보다 더 힘들고
어려운 상황에서 나를 구해줄 수도 있으리라.

__러스킨

인간이란 강물처럼 흐르는 존재다

사람이 가장 범하기 쉬운 과오는
남을 착한 사람, 악한 사람 또는 어리석은 사람,
똑똑한 사람 등으로 구분하려 드는 것이다.

인간이란 강물처럼 흐르는 존재로,
끊임없는 변화 속에서 각자의 길을 걸어간다.

그들의 내면에는 모든 가능성이 내포되어 있다.
바보라도 언젠가는 똑똑해질 수 있으며,
악인도 착한 사람으로 변할 가능성이 있는 것이다.
바로 그러한 이유로 인간이 위대한 것이다.

그런데 어떻게 어떤 사람에 대해서
함부로 절대적인 판단을 내릴 수 있겠는가.
그는 어떠어떠한 사람이라고
당신이 단정지어버린 바로 그 순간,
그는 벌써 다른 모습으로 변했을지도 모르는 데 말이다.

__톨스토이

영원한 생명을 얻는 길

남을 아는 사람은 총명한 사람이며
자신을 아는 사람은 덕이 있는 사람이다.

남을 이기는 사람은
육체가 강한 사람이며
자신을 이기는 사람은
마음이 강한 사람이다.

또한 죽음으로써
모든 것이 소멸되는 것이 아니라는
진리를 깨달은 사람은
영원한 생명을 얻은 사람이다.

__노자

여유로운 마음으로 살아가는 자세

맺고 끊음이 분명한 사람은
바쁜 듯 보여도 늘 마음에 여유가 있다.

반면 매사에 우물쭈물하고
쉽게 결단을 내리지 못하는 사람은
한가한 것처럼 보여도
속은 항상 바쁘고 피로가 쌓여 있다.

무슨 일이든 여유를 갖고 임하는 것은
매우 중요한 자세다.

평소에 대책을 세워두지 않고
걱정만 하다가 정작 일에 직면해서야
갑자기 법석을 떤다면
공연히 괴로움만 더해질 뿐이다.

__뤼신우

가장 좋은 장수 비결은 선하게 사는 것이다

수명이 짧아지는 데에는 두 가지 이유가 있다.

하나는 어리석음이고
다른 하나는 방종이다.

어리석음에는 생명을 지키는 분별력이,
방종에는 의지가 결여되어 있다.

미덕에 보답이 따르듯 이런 악덕에는 징벌이 따르며,
악덕을 일삼는 자는 오래 살지 못한다.

반면 미덕을 베풀며 사는 자는 장수한다.
흠이 없는 정신은 육체를 건강하게 만들기 때문이다.

__발타자르 그라시안

당신은 참 멋진 사람입니다

어느 날 누군가 전화를 걸어와 차 한 잔 하자고 하면
아무 이유도 묻지 않고 선뜻 만나 줄 수 있는 사람이 되세요.
그의 외로움을 넓은 품으로 받아주는 그런 사람이요.

사는 것이 버겁다며 술 한 잔 하자는 친구가 있으면
언제든 달려가 그의 빈 잔을 채워주는 사람이 되세요.

철저한 계산으로 다가가지 않고
풍금소리처럼 잔잔한 감동으로 전해지는 당신,
장미만큼 화려하지는 않지만
안개꽃처럼 은은한 향기를 풍기는 당신,
그런 당신이 세상에서 가장 멋진 사람입니다.

_지식in

그대의 본질은 정신이다

삶이란 그대 안에 깃들여 있는 정신이
육체를 이끌어나가는 과정이라는 것을 기억하라.

신께서 이 세상을 주관하듯이
정신은 육체를 거느리고 있는 것이다.

죽음이란 그대 자신이 없어지는 것이 아니라
그대의 육체만이 소멸할 뿐이라는 것을 기억하라.

육체가 나타내는 것은 그대 자신이 아니다.
그대의 본질은 정신이다.

_키케로

양심은 자신의 유일한 증인이다

그대가 사랑받는 것처럼 남을 사랑하라.
또한 그대가 받는 것만큼 남에게도 베풀어라.

항상 자신을 낮추고 남을 이롭게 하라.
관용으로써 분노를 극복하라.
선으로써 악을 정복하라.

나 자신의 어리석은 생각, 그릇된 판단,
그리고 잘못을 범하기 쉬운 나쁜 습관을 버려라.

해야 할 일을 하고 감당해야 할 일을 감당하라.
양심은 자신의 유일한 증인이다.

_톨스토이

강한 것을 두렵게 하는 것이 있다

세상은 약하지만 강한 것을 두렵게 하는 것이 있다.

첫째, 모기는 사자에게 두려움을 준다.
둘째, 거머리는 물소에게 두려움을 준다.
셋째, 파리는 전갈에게 두려움을 준다.
넷째, 거미는 매에게 두려움을 준다.

아무리 크고 힘이 강하더라도
반드시 무서운 존재라고는 할 수 없다.

매우 힘이 약하더라도
어떤 조건만 갖추어져 있다면
강한 것을 이길 수가 있는 것이다.

＿탈무드

살다 보면

살다 보면 기쁠 때도 있고,
슬픔으로 눈물지을 때도 있습니다.
또 즐거운 일도 많지만
괴로운 일도 적지 않습니다.

그런데 기쁜 일과 즐거운 일은
그 순간이 지나면 금세 잊혀지지만
슬픈 일과 괴로운 일은
오래도록 가슴에 남곤 합니다.

고통에는 '깊이'가 있기 때문입니다.
상처를 남기지만
그 상처로 뭔가를 깨닫게 하는
철학적 깊이 말입니다.

＿지식in

만족을 아는 사람

누구는 한 끼를 때우는데
밥 한 공기면 만족해 하지만
누구는 산해진미로도 부족함을 느낍니다.

누구는 한두 벌의 옷으로 흡족해하지만
누구는 하루에도 값비싼 옷을 몇 벌씩 갈아입습니다.

두 사람 중에 누가 부자일까요?

진짜 부자는 만족을 아는 앞사람입니다.
아무리 돈이 많아도 마음이 가난하면
그는 절대 부자가 될 수 없습니다.

__지식in

과거는 과거일 뿐

과거의 일이나 행동,
어떤 상황에 대해 후회해도
변하는 것은 아무것도 없습니다.
실제적으로 도움이 될 것도 없습니다.

왜냐하면
과거는 단지 우리의 기억 속에
존재할 뿐이기 때문입니다.

과거는
이미 지나간 일임을,
돌이킬 수 없는 일임을 인정해야 합니다.
그래야만 비로소
마음의 평온을 얻을 수 있습니다.

＿지식in

작은 칭찬 한마디

식물도
좋은 음악과 좋은 말을 듣는 것이
그렇지 않은 것보다
잘 자란다는 연구 결과가 나온 적이 있습니다.

감정이 없는 식물도 그러하거늘
감정에 웃고 우는 사람은 오죽하겠습니까.

사람은 작은 칭찬 한마디만 들어도
왠지 그날 하루 온종일 기분이 좋고
마치 즐거운 일이 생길 것 같은 기분이 들어
마음이 설레고 들뜨게 마련입니다.

그런 모습을 보고 있으면
칭찬을 한 사람까지 기분이 좋아집니다.

그렇게 좋은 칭찬을 아낄 필요가 없습니다.

__지식in

감당할 만큼만

가는 빗방울이 떨어지는 날 연꽃밭에 가면
재미있으면서도 철학적인 모습을 볼 수 있습니다.

떨어진 작은 빗방울들이 잎의 중앙으로 도르르 굴러가
예쁜 모습으로 이리저리 일렁거립니다.

그러나 잎 중심에 물이 많이 고이게 되면
연잎이 고개를 꾸벅 숙여 물들을 쏟아냅니다.
연잎들은 자신이 감당할 만큼의 물만 담습니다.

만약 연잎이 빗방울들을 욕심대로 받아내려 하면
결국에는 줄기가 꺾이고 말 것입니다.

우리가 살아가는 이치도
이와 다를 게 없을 듯합니다.

__지식in

먼저 웃고, 먼저 감사하라

많은 사람들이
습관적으로 불평만 늘어놓고
감사하는 일에는 소홀히 하며 살아갑니다.

그러나
평범한 삶에서 우러나오는 감사의 마음은
우리의 삶을
아름답고 풍요롭게 가꾸어 주는 밑거름입니다.

감사는
우리를 더욱 강하게 만들고
미래에 다가올 행복을
더욱 크게 만들어 줍니다.

먼저 웃고,
먼저 감사하며 사세요.
그것만으로도 삶이 행복해질 수 있습니다.

__지식in

말이 곧 얼굴이다

"말 한마디에 천 냥 빚을 갚는다."는 말이 있듯이
짧은 한마디의 말이 가진 힘은 참으로 엄청납니다.

좋은 말을 하면 좋은 사람이 되고
아름다운 말을 하면 아름다운 사람이 됩니다.
험한 말을 하는 사람은 인상이 험할 수밖에 없고,
늘 고운 말을 하는 사람은 행동도 아름답게 보입니다.

당신이 먼저 친절한 말을 하면
주변 모두가 친절한 이웃이 되지만,
당신이 거친 말을 하면 거북한 관계가 되고 맙니다.

겸손한 말을 하면 존경을 받고,
진실되게 말을 하면 신뢰를 얻으며,
좋은 말을 하면
정말 좋은 사람대접을 받습니다.

말 한마디는 당신의 얼굴이요, 미래요, 삶입니다.

__지식in

업 業

세상을 살면서 어려운 일이 없기를 바라지 말라.
어려움을 겪지 않으면 남을 업신여기는 마음,
오만한 마음, 사치한 마음이 생긴다.
근심과 어려움을 거울삼아 세상을 살아가라.

__보왕삼매론

마음을 잘 지키고 말과 행동을 조심하는 이는
어려운 일을 만나도 괴로워하지 않는다.
진리에 살고 진리를 아는 총명한 사람에게
괴로움은 존재하지 않는다.

__소부경전

세상만 탓한다

사람들은 자신의 마음을 고치려고는 하지 않고
세상만 탓한다.

만일 당신이 부정적이거나 불리하다고 느껴지는
상황에 닥치거든
그 속에서 반드시 긍정적인 면을 찾도록 노력해 보라.
항상 뭔가 긍정적인 요소를 발견하게 될 것이다.

당신이 부정적이라고 느껴지는 환경에서
긍정적인 것을 찾는 일에 빠졌을 때
당신의 삶은 풍성한 열매를 맺을 것이며
당신의 창조력은
왕성하게 자랄 것이다.

당신은 환경에 의존하며
끌려 다니는 사람이 아니라
환경을 가꾸어 나날이
새로운 힘을 발견하는
기쁨으로 살아가게 될 것이다.

그 삶은 당신이 주인이 되는 삶이다.

__바바하리다스

돈으로 살 수 없는 것

미소는 돈이 들지 않지만 많은 것을 이루어냅니다.
받는 사람의 마음을 풍족하게 하지만
주는 사람의 마음을 가난하게 하지 않습니다.

미소는 번개처럼 짧은 순간에 일어나지만
그 기억은 영원히 지속되기도 합니다.
미소 없이 살아갈 수 있을 만큼 부자인 사람도 없고
미소의 혜택을 즐기지 못할 만큼 가난한 사람도 없습니다.

미소는 가정에서 행복을 꽃피우게 하고,
직장에서 호의를 베풀게 하며,
친구 사이에는 우정의 징표가 됩니다.
지친 사람에게는 안식이고
낙담한 사람에게는 희망의 빛입니다.
세상 어려움을 풀어주는 자연의 묘약입니다.

하지만 미소는 돈으로 살 수도 없고
강요할 수도 없으며
훔칠 수도 없습니다.
미소는
대가 없이 줄 때만 빛을 발하는 것이기에……

__데일 카네기

없으면 없는 대로

없으면 없는 대로, 부족하면 부족한 대로, 불편하면 불편한 대로, 그냥
그런대로 살아갈 수도 있습니다.

없는 것을 만들려고 애쓰고, 부족한 것을 채우려고 애쓰고, 불편한 것을
못 참아 애쓰고 살지만, 때로는 없으면 없는 대로, 부족하면 부족한 대로,
또 불편하면 불편한 대로 사는 것이 참 좋을 때가 있습니다.

그냥 지금 이 자리에서 만족할 수 있다면 애써 '더' 많이 '더' 좋게를 찾
지 않아도 충분하기 때문입니다.

조금 없이 살고 부족하게 살고 불편하게 사는 것이 미덕입니다.
자꾸만 꽉 채우고 살려고 하지 말고 반쯤 비운 채로 살아볼 수도 있어야
겠습니다.

온전히 텅 비울 수 없다면 그저 어느 정도 비워진 여백을 아름답게 가꾸
어 갈 수도 있어야 할 것입니다.

자꾸 채우려고 하니 비웠을 때 오는 행복을 못 느껴 봐서 그렇지, 없이
살고, 부족한 대로, 불편한 대로 살면 그 속에 더 큰 행복이 있음을 알 수
있을 것입니다.

__불광

빈 배

한 사람이 배를 타고 강을 건너다가 빈 배가 그의 배와 부딪치면 그가 아
무리 성질이 나쁜 사람일지라도 그는 화를 내지 않을 것이다.

왜냐하면 그 배는 빈 배니까.
그러나 배 안에 사람이 있으면
그는 그 사람에게 피하라고 소리칠 것이다.
그래도 듣지 못하면 그는 다시 소리칠 것이고,
마침내는 욕을 퍼붓기 시작할 것이다.

이 모든 일은 그 배 안에 누군가 있기 때문에 일어난다.

그러나 그 배가 비어 있다면
그는 소리치지 않을 것이고 화내지 않을 것이다.

세상의 강을 건너는 그대 자신의 배를 빈 배로 만들 수 있다면
아무도 그대와 맞서지 않을 것이다.

아무도 그대를 상처 입히려 하지 않을 것이다.

__장자

2장

마음과 감정

음식을 가려 먹듯 책을 가려 읽어라

닥치는 대로
책을 읽거나
쓸데없이
잡다한 지식으로
머릿속을 어지럽히지 말라.

진실로
피가 되고 살이 되는
무언가를 얻고 싶으면
좋은 책을
가려 읽어야 한다.

이것저것 가리지 않고
읽어대는
마구잡이식 독서는
오히려 영혼을 해치기 쉽다.

__세네카

모든 일에는 때가 있다

사람은 누구나 한 번쯤
불행한 시기를 맞닥뜨리게 마련이다.

그때는 어떤 일도 잘 풀리지 않고
상황이 바뀌어도 불운이 지속된다.
지혜조차도 연거푸 찾아오는 재앙 앞에 무릎을 꿇고
평소와 같은 분별력도 따르지 않는다.

모든 일이 이상하게 어긋날 때가 있는가 하면
큰 수고를 들이지 않고도 일이 잘 풀릴 때도 있다.
모든 일에는 때가 있는 것이다.

이 모든 상황에 준비되어 있는 사람은
행운을 맞이할 수 있다.
정신은 집중되어 있고 기분은 최고조를 달리는 때가
바로 그런 순간이다.
그럴 때 자신에게 다가온 행운을 알아보고
이를 조금이라도 놓치지 마라.
생각이 깊은 사람은 이런 조짐을 미리 알아채기에
자신이 처한 상황이 나쁘다거나 좋다고 성급하게 말하지 않는다.

__발타자르 그라시안

친절이 복을 부른다

한 젊은이가 면접을 보기 위해
부지런히 길을 가고 있었습니다.

그런데 한 중년 부인이
차를 길가에 세워둔 채
안절부절 못하는 모습이 보였습니다.

자동차 바퀴가 펑크났는데,
부인은 바퀴를 교체할 줄 몰랐습니다.
젊은이는 팔소매를 걷어붙이고
바퀴를 갈아 끼워준 뒤 자리를 떴습니다.

하지만 면접시간에 늦고 말았습니다.
젊은이가 낙담해 있는데
누군가 그의 어깨를 툭 쳤습니다.
아까 그 부인이었고,
그 부인이 바로 회사의 사장이었습니다.

__지식in

1도의 노력의 차

물이 수증기가 돼 하늘로 오르기 위해서는
섭씨 100도까지 끓어야 하는
오래고 힘든 고통을 참아야 합니다.

99도까지 끓었더라도
1도가 부족해
100도를 채우지 못했다면
그 물은
0도의 물과 마찬가지로
하늘로는 절대 올라갈 수 없습니다.

혹시 당신은
99도까지는 잘 올라갔지만
1도를 채우지 못하고
포기한 적은 없습니까.

성공과 실패의 격차는
딱 1도의 노력 차입니다.

__지식in

오늘이 현금이다

‘내가 왕년에는…….’라는 말을
입에 달고 사는 사람이 적지 않습니다.
‘나에게도 기회가 올 거야’라는 말을
입에 달고 사는 사람 역시 적지 않습니다.

과거를 되돌아보고,
미래를 꿈꾸는 것은 잘못이 아닙니다.
문제는 그런 생각에만 매달려
오늘을 소홀히 하는 행동입니다.

진정한 행복은
지금 지니고 있는 것,
지금 하는 일,
지금 함께하는 사람들에 깃들어 있습니다.

어제는
부도난 수표이고,
내일은
기약 없는 약속어음이며,
오늘만이
당장 쓸 수 있는 현금입니다.

__지식in

품에 안고 가는 십자가

십자가는
등에 지거나 질질 끌고 가는 것이 아니라
다정히 품에 안고 가야 한다는 얘기가 있습니다.

등에 지거나 땅바닥에 끌고 가는
십자가는
자기 의지와 상관없이
억지로 가져가는 것이기에
고통스러울 수밖에 없습니다.

하지만
자기 의지로 품에 안고 가는
십자가는
같은 무게라도
그렇게 버겁지 않을 것입니다.

아무리 힘겨운 고난이라도
그 고난 속에 담긴 의미를
깨닫는 순간,
고난은
더 이상 고난이 아닙니다.

__지식in

지금이 기회다

성공할 수 있는 기회는
언제 어느 때나
당신 곁에 머물고 있습니다.
당신이 손만 뻗으면 닿을 수 있는 곳,
당신이 마음만 먹으면
바로 잡을 수 있는 곳에
성공의 기회는 있습니다.

하지만
당신이 붙잡지 않으면
성공의 기회는
당신 곁을 떠날지 모릅니다.
성공의 기회는
자신을 붙잡는 사람에게만
붙어 있으려 합니다.

지금 이 순간이
기회입니다.
그리고 당신에게는
기회를 잡을 권리가 있습니다.

__지식in

일을 못하는 사람

일을 못하는 사람,
그 일에 주인의식이 없는 사람은
먼저 하고 나중에 할
처리 순서를 떠나
자기가 좋아하는 일부터 처리하곤 합니다.
하기 싫은 일은
최대한 뒤로 미뤄 놓습니다.

하지만 그렇게 하다보면
얼마 지나지 않아 모든 일이 어지럽게 얽히고
하기 싫은 일,
그래서 능률이 오르지 않는 일이
산더미처럼 쌓이게 됩니다.

반면 일을 잘하는 사람,
그 일에 주인의식을 가진 사람은
가장 하기 싫은 일부터
해치워 버립니다.
그런 다음 홀가분하게 다른 일을 처리하면
일하는 보람도 커지면서
일의 능률도 오르게 됩니다.

__지식in

설탕과 소금

세상에는
나에게 설탕 같은 말만 하는 사람이 있고,
또는 소금 같은 말을 자주 하는 사람이 있습니다.

내 주변에는
설탕 같은 일을 하는 사람이 있고,
소금 같은 일을 하는 사람도 있습니다.

사람들은 대개
소금보다는 설탕을 좋아합니다.
설탕의 달달한 맛에 중독되기도 합니다.

하지만 음식의 참맛을 내고
상하지 않도록 하는 것은
설탕이 아니라 소금입니다.
더욱이 설탕은 없어도 살 수 있지만,
소금이 없으면
귀한 생명을 지킬 수가 없습니다.

__지식in

꿈은 누구나 꿀 수 있지만

그토록 어려운 상황에서 현대를 세운
정주영 회장에게는 특이한 말버릇이 있었다고 합니다.

"해보기나 했어?"가 바로 그것입니다.

주식투자 등으로 세계적 갑부가 된 워런 버핏은
보통사람들에 비해 5배가 넘는 독서량을 자랑합니다.

또 스타벅스를 세운 하워드 슐츠는
매일 다른 사람과 점심식사를 하는 것으로 유명합니다.

이들의 공통점은
자신의 꿈을 이루기 위해 무언가를 실천했다는 것입니다.

꿈은 누구나 꿀 수 있습니다.
꿈을 꾸어야 희망을 가질 수 있습니다.

하지만 실천이 없는 꿈은
그냥 꿈으로만 남습니다.

__지식in

한 권의 책

깊은 숲 속에 성인이 살고 있었다.
어느 날 다른 성인 한 사람이 와서 그에게 경전 한 권을 주었다.
성인은 날마다 그 책을 읽기로 마음먹었다.

어느 날 그는 쥐들이 몰래 경전을 쪼아 먹었다는 것을 알게 되었다.
그는 쥐를 쫓으려고 고양이를 키우기로 했다.

고양이를 키우니깐 우유가 필요했다.
그래서 다시 젓소를 키우게 되었다.
이제 그는 짐승들을 혼자 돌보기엔 벅찬 상태가 되어 젓소를 돌볼 여자를 구했다.
숲 속에서 두 해를 보내는 사이 큰 집과 아내, 두 아기, 고양이와 젓소가 살림살이로 늘어나게 되었다.

이제 성인에게는 고민이 생기기 시작했다.
그는 혼자 살 때가 얼마나 행복했는지 생각해 보았다.
이제는 신을 생각하는 대신 아내와 아이들, 젓소와 고양이를 생각해야 했다.
그는 어쩌다 이런 일이 벌어졌는지 곰곰이 생각해 보았다.

한 권의 책이 이토록 커다란 세계를 만들었던 것이다.

＿바바하리다스

걱정은 쓸모없다

차를 즐기기 위해서는 지금 이 순간 속에 완전히 깨어 있어야 한다.

현재에 대한 자각 속에서만 우리의 두 손은 찻잔의 기분 좋은 온기를 느낄 수 있다.

현재 속에서만 그 향기를 음미할 수 있고, 그 달콤함을 맛볼 수 있으며, 그 오묘함을 감상할 수 있다.

과거를 돌아보거나 미래를 염려하면 우리는 한 잔의 차를 즐기는 경험을 완전히 놓쳐버리고 말 것이다.

찻잔을 바라보는 순간 어느새 차는 사라지고 없을 것이다.

인생도 그와 같다.

우리가 현재에 온전히 존재하지 못하면, 우리가 주위를 둘러보는 사이 현재는 사라지고 말 것이다. 인생의 느낌, 향기, 그 오묘함과 아름다움을 놓치고 말 것이다.

그것들은 눈 깜짝할 사이에 우리를 스쳐 지나가게 될 것이다.

과거는 지나갔다. 그것으로부터 배운 다음 보내버리라.

미래는 아직 오지 않았다. 미래를 위해 계획하되, 미래에 대해 걱정하느라 시간을 낭비하지 말라.

걱정은 쓸모없다.

이미 일어난 일에 대해 생각하는 것을 멈출 때, 결코 일어나지 않을지도 모르는 일에 대해 걱정하는 것을 멈출 때, 우리는 비로소 현재에 존재할 수 있게 될 것이다. 그리고 삶 속에서 기쁨을 경험하기 시작할 것이다.

_틱낫한

사소한 것과 큰 것

만약 그대가 이웃사람에게
악을 행하였을 때
그것이 아무리 사소한 것이었을지라도
큰 것으로 생각하라.

그리고 이웃사람에게
선을 행하였을 때는
그것이 아무리 큰 것이었을지라도
아주 작은 것으로 생각하라.

그리고 이웃사람이
그대에 대해서 행한 선은
그것이 아무리 사소한 것일지라도
큰 것이라고 생각하라.

＿탈무드

잘 들어주는 사람

말을 잘 못하는 사람의
문제 해결 비법은
이야기를 잘 들어주는
사람이 되는 것이다.

말하는 것은
능력이 있는 사람에게 맡기고
자신은 듣는 것에
통달하면 된다.

사람들 앞에서 이야기하는 것에
서툴러도 상관없다.
그것을 극복하려고 하면 할수록
오히려
심적인 부담만 느끼게 될 것이다.

_타카하시 류우타

신은 모든 사람들에게 시련을 내린다

시련을 참고 견디는 사람에게
비로소
삶의 은총이 내린다.

신은
어떤 사람에게는
재물로,
어떤 사람에게는
가난과 비천함으로
각기 다른 모습의
시련을 내린다.

누군가 재물이
필요한 사람에게
인색하게 굴고 있다면
그것은 부귀한 사람에게 내려진
시련일 것이며,
주어진 자신의 삶에
감사하지 못하고
불평불만에 하루하루를 보낸다면
그것은 가난하고 비천한 사람에게
내려진 시련일 것이다.

_탈무드

단점을 지적하는 사람에게 감사하라

단점을
지적하는 사람에게도
결점은 있는 법이다.

완벽한 사람만이 남의 단점을
지적할 자격이 있다고
생각한다면
평생 동안
자신의 단점을
지적받을 기회는
단 한 번도 얻지 못할 것이다.

사람은
누구나 단점이 있기에
단점을
지적받았다는 사실
그 자체만으로
감사해해야
스스로에게도 이롭다.

＿뤼신우

태양의 빛은 온 세상 구석구석을 비춘다

태양은
끊임없이 자신의 빛을
온 세상
구석구석에 비춘다.

당신이 가지고 있는
이성의 빛도
이 세상의 빛과 같이
모든 방법을 통해
비춰나가지 않으면 안 된다.

만약 살면서
인생의 방해물을
만난다 하더라도
겁내지 말고
조용하게 실천에 옮기라.
그러면
당신의 빛을 받은 모든 것은
밝게 빛나고
그 빛을
거부하는 것만이
홀로 어둠 속에 남게 될 것이다.

__아우렐리우스

말은 땅에 뿌린 씨앗과 같다

말은
땅에 뿌린 씨앗과 같아서
사물을 계시하는 힘이 된다.
때문에 말 한마디가 전혀 예상하지 못했던
충격적인 결과를 불러오기도 한다.

그런데 우리는 너무도 쉽게
이런 진실을 잊어버린다.
언어란 참으로 깊은 뜻을 내포하고 있으나
어리석은 사람들은 눈에 보이는 것만을 중시한다.

길거리의 돌이나 나무 등
물질적인 것은
무엇이든 볼 수 있으나
눈에 보이지 않는
가치나 사상 같은 것들의
부피를 깨닫지는 못하는 것이다.

대기 중에 가득 찬
그것들은
매 순간 우리들 주위를
떠돌고 있는데 말이다.

_아미엘

자신의 마음을 믿어라

뜻이 확실할 때는
당신의
마음에서 들려오는 소리를 경청하라.

마음은
때때로 삶에서 무엇이
가장 중요한지를 미리 알려준다.

그것은 당신의 내면에서 나오는
진실한 예언이다.
사람은 천성적으로
올바른 마음을 지니고 있으며,
그 마음은
불행이 다가올 때마다
경고의 소리를 전한다.

당신의 마음을 믿고
그 마음이 보내는 소리에
경청한다면
불행을 극복할 충분한 힘을
얻을 수 있을 것이다.

__발타자르 그라시안

자신의 모습을 들여다보라

매 순간마다
자신의 모습을 들여다보라.
현재의 자기 모습이 위선인가,
참모습인가를 정확히 알아야 한다.

그래야만 정의롭고 바른 행동으로
주어진 운명에 따라 살 수 있다.

당신이 이와 같은 경지에 도달하면
다른 사람의 말이나 행동, 소문에 대해서도
냉정한 입장을 취할 수 있다.

남들이 모두 쓸데없는 일에
골몰하고 있을 때,
당신 스스로 해야 할 일을
틀림없이 완수해낼 수 있을 것이다.

＿아우렐리우스

욕망의 노예가 되지 말라

어리석은 사람일수록
욕망의 노예가 되기 쉽다.
무지한 사람의 욕정은
그칠 줄 모르고 뻗어나간다.

그것은
잡초처럼 질기고 왕성한 번식력을 갖고 있다.
욕정에 사로잡힌 인간은 먹이를 찾아서
온 숲을 헤매 다니는 원숭이처럼 끝도 없이 방황한다.

또한 나뭇가지를 친친 감는 나팔꽃 덩굴처럼
무성한 번뇌의 덩굴에 휘감겨 살아간다.

하지만 정욕의 억센 마력으로부터
자유로워질 수 있는 사람에게는
연꽃에 빗방울이 떨어지듯
모든 괴로움이 일시에 떨어져 내린다.

＿붓다

3장

용서와 배려

병에 걸려도 건강할 때의 마음을 가져라

아무리 어려운 처지에 빠졌더라도
마음을 느긋하게 가져야 한다.
가난하고 고될 때도
마음만은
풍족할 수 있으며,
역경에 처했을 때도
넓고 고요한 마음을
유지할 수 있다면
변함없이
평안한 마음으로
살아갈 수 있을 것이다.

좁은 골짜기에 있더라도
넓은 대로에 있는 듯,
병에 걸려도 건강한 듯,
예측하지 못한 사태에 직면했을 때도
아무 일 없는 듯한 마음을
유지하도록 노력해야 한다.

이렇게 하면
어떤 일을 당해도
차분히 대처해나갈 수 있다.

__뤼신우

다른 사람과 어울려 살아라

가끔은 사람들 속에
바보로 사는 것이
홀로 현명하게
사는 것보다 낫다.

모두가 바보라면 그들 중 누구도
바보 취급을 받지 않겠지만,
현명한 사람이 한 명뿐이라면
그 사람은
바보 취급을 받을 것이다.

진정으로 현명한 사람은
무지한 사람들 속에서
무지를 가장하면 산다.
그의 삶의 방식은
실로 위대한 지혜다.

혼자 현명한 사람이 되려면
홀로 무리에서 떨어져 나와
외로움과 고독의 시간을
견뎌야 할 것이다.

__발타자르 그라시안

노여움을 푸는 방법

화를 내는 것이
당연하다 할지라도
자신을 노엽게 한 상대방을
'그 역시 불행한 인간'일 뿐이라고
생각한다면
노여움은
이내 사라질 것이다.

이것은
노여움을 풀어버리는
가장 빠른 길이다.
동정심은
노여움이란 불에
물을 끼얹는 것과 같기 때문이다.

그러므로
다른 사람에 대해
분노한 나머지
그에게 고통으로
되갚아주려고 하는 것은
부질없는 짓이다.

＿쇼펜하우어

모든 일은 우리가 생각한 대로 일어난다

우리가 일상생활에서 겪는
모든 일들은
머릿속으로
생각한 대로 일어난다.
우리의 생활은 우리 자신의
마음속에서 품은
생각대로 전개되는 것이다.

만약
우리가 악한 마음을
품고 살아간다면
평생 번뇌의 수레바퀴에
끌려 다니는 신세가 될 것이다.

그러나
늘 선한 마음에서
우러나오는
말과 행동으로
세상을 살아가는 자는
한평생
기쁨을
그림자처럼 달고 다니게 될 것이다.

＿붓다

끝을 생각하라

환호의 문을 지나
행운의 거실로 들어선 자는
통탄의 문을 거쳐
다시 밖으로 나오게 될 것이다.
그 반대의 경우도 마찬가지다.
그러므로 항상 끝을 생각하고 등장할 때의
갈채보다 퇴장할 때를 염두에 두어야 한다.

등장할 때는
누구라도 쉽게 갈채를 받을 수 있다.
그것은 대수로운 일이 아니다.
하지만
퇴장할 때 갈채를 받는다는 것은
그야말로 위대한 일이다.

퇴장하는 사람에게 갈채를 보낼 만큼
사람들이 열망한다는 것 자체가
드문 일이기 때문이다.
입장하는 사람을 정중하게 대접하는 것이
일반적이듯
퇴장하는 사람은
비난받기가 더욱 쉬운 법이다.

＿발타자르 그라시안

양심의 목소리에 귀 기울여라

당신은 젊다.
즉 정념과 욕망의 시기에 있다.
이러한 시기에는
무엇보다도 자신 안에서
울려나오는
양심의 목소리에
귀 기울여야 한다.
그리고 그것을
다른 것에 앞서
존중하도록 하라.

정념이나 욕망 때문에
양심에서 벗어나는 일이
없도록 경계하라.

다른 사람들의 꾐,
또는 법률이라고 불리는
사회적 관습을 빌미로
양심이 주장하는 것과
다른 일을
하지 않도록 주의하라.

__시어도어 파커

얼굴 표정이 마음입니다

혹시, 가까운 곳에 거울이 있다면 그 속을 좀 들여다 보십시요.

거울 속에 들어있는 얼굴의 표정과 빛을 보십시요.
얼굴은 마음의 거울이요,
자신이 살아온 삶의 과정들을 담고 있습니다.

슬픈 일이 많았다면 슬픔이 담겨 있을 것이고 고통스러운 일이 많았다면 그 얼굴 어딘가에 고통이 배어 있을 것입니다.

평소 마음에 켠 촛불로 자신의 내면을 골고루 들여다보며, 마음을 살피는 공부를 해 온 사람은 그 얼굴이 온화하고 편안할 것입니다.

그러나, 그 빛을 밖으로 향해 항상 타인에 대한 옳고 그름만을 가려 왔다면, 그 얼굴엔 결코 평화나 기쁨이 담겨 있지 않을 것입니다.
공부를 하는 데는 많은 준비물이 필요하지 않습니다.

거울 하나 초 한 자루면 될 것 같습니다.
쉴 새 없이 열심히 밖으로 뛰어 다닌 자신을 불러 들여 오랜 만남을 통해 대화를 해보십시요.
그리고, 당신의 얼굴빛과 표정이 평화로워지고 눈빛이 맑아지는 변화를 확인하십시요.

_좋은글

스스로 변하라

병아리가
스스로 껍질을 깨고 나오면
새로운 생명으로 탄생할 수 있지만
남이 깰 때까지 기다리다가는
결국 계란 프라이가 돼
밥상에 오를 수밖에 없습니다.

뱀도 마찬가지입니다.
고통과 힘겨움을 참아내며
허물을 벗어야 클 수 있습니다.
허물벗기를 중단하면
기다리는 것은 죽음뿐입니다.

우리도
관습과 고정관념에서 벗어나
매일 새로 태어나듯이
살아야 합니다.

__지식in

유능과 무능의 차이

회사에는
대개 두 부류의 사람이 있습니다.
유능한 사람과 무능한 사람입니다.
그런데 생각 외로
이들의 차이는 그리 크지 않습니다.
'네'와
'아니오'의
차이입니다.

유능한 사람은
자기 스스로 일을 찾고
상급자의 업무지시에는 '네'라고 대답합니다.
하지만 무능한 사람은
지시만을 기다리고 있다가 지시가 내려지면
'글쎄요. 그 일이 될까요' 하고
부정적인 생각부터 합니다.

처음부터 안 된다고 포기하는 습관,
실패자들이 가지고 있는 공통분모입니다.

__지식in

당신은 그냥 좋은 사람입니다.

그냥 좋은 사람이 가장 좋은 사람입니다.
돈이 많아서 좋다거나, 노래를 잘해서 좋다거나,
집안이 좋아서 좋다거나, 그런 이유가 붙지 않는
그냥 좋은 사람이 가장 좋은 사람입니다.
이유가 붙어 좋아하는 사람은
그 사람에게서 그 이유가 없어지게 되는 날,
그 이유가 어떠한 사정으로 인해 사라지게 되는 날
얼마든지 그 사람을 떠날 가망성이 많은 사람입니다.
좋아하는데 이유가 없는 사람이 가장 좋은 사람입니다.
어디가 좋아서 좋아하느냐고 물었을 때
딱히 꼬집어 말 한 마디 할 순 없어도,
싫은 느낌은 전혀 없는 사람,
느낌이 좋은 사람이 그냥 좋은 사람입니다.
말 한마디 없는 침묵 속에서도 어색하지 않고
한참을 떠들어도 시끄럽다 느껴지지 않는,
그저 같은 공간과 같은 시간 속에
서로의 마음을 공유할 수 있다는 것만으로도
기쁜 사람, 그냥 좋은 사람이 느낌이 좋은 사람입니다.

느낌이 좋은 사람이 가장 좋은 사람입니다.
가장 좋은 사람이 바로 당신입니다
당신은 그냥 좋은 사람입니다.

＿좋은글

보는 만큼 보인다

눈물 어린 눈으로
하늘을 쳐다보지 마라.
넓고 푸른 하늘의
진짜 얼굴을 볼 수 없다.

시름 깊은 눈으로
땅을 내려다보지 마라.
그러면 들풀의 싱싱한 생명을 볼 수 없다.

당신의 눈이 맑고 밝아야
당신의 눈에 비친 세상도
딱 그만큼 맑고 밝을 수 있다.

세상이
어둡게 보이는 것은
눈에 긴 꺼풀이 두껍기 때문이다.

__지식in

마음을 다스리는 법

우리 마음 밭에는
두 개의 씨앗이 자란다고 합니다.
하나는 긍정의 씨앗이고
다른 하나는 부정의 씨앗입니다.

긍정의 씨앗은
기쁨, 희망 등의 싹을 틔우고
부정의 씨앗은
불평과 절망의 싹을 틔웁니다.

무릇 성공하기 위해서는
긍정의 씨앗에
물과 거름을 주고
부정의 씨앗들은
솎아내야 합니다.
그것이
곧 마음을
다스리는 법입니다.

__지식in

그릇의 크기

큰스님이 한 젊은이를 제자로 받아들였습니다.
그러자 다른 제자가 투덜거렸습니다.
그 젊은이가 마음에 들지 않았기 때문입니다.

큰스님이 그런 제자에게
소금을 한 줌 가져오라 하고는
물그릇에 소금을 풀어 마시게 했습니다.
그러고는 "맛이 어떠냐."고 물었습니다.
제자는 "짭니다."라며 얼굴을 찡그렸습니다.

큰스님이 이번에는 제자를 호수로 데려가
그곳에 소금을 푼 뒤 한 그릇 마시게 했습니다.
그런데 이번에는 물이 짜지 않고 시원했습니다.

그렇습니다.
세상의 미움과 고통은
내 안의
그릇 크기에 따라
달라지는 것입니다.

__지식in

마음의 문

딱딱한 껍데기를 깨고
새 생명의 뿌리가 밖으로 나옵니다.
굳은 땅을 뚫고서 새싹이 고개를 듭니다.
꽁꽁 얼어붙은 겨울 얼음장 밑에서도
봄의 물줄기 소리가 밖으로 튀어나옵니다.

이렇듯 갇힌 공간에서
열린 세상으로 나오는 것들 중에서
아름답고 귀하지 않은 것은 아주 드뭅니다.

당신도 마찬가지입니다.

마음의 문을
안으로 꽁꽁 걸어 잠그지 말고
빗장을 풀어 버리고
성큼 밖으로 나가야 합니다.
그리고 그 일은
오직 당신만이 할 수 있습니다.

__지식in

마음에도 힘이 필요하다

몸에 힘이 있어야 하듯이
마음에도
힘이 있어야 건강할 수 있습니다.
몸은 음식으로 힘을 얻지만
마음은 생각으로 힘을 얻습니다.

좋은 생각, 바른 생각은
마음의 힘이 되는 영양분입니다.
사랑과 감사, 열정과 용기,
정직과 성실, 용서와 화해 등은
우리 마음을 풍성하게 하고,
건강을 지켜줍니다.

반면
미움과 거짓, 불평과 의심,
괜한 걱정과 갈등, 부질없는 후회 등은
우리 마음을
약하게 하고 황폐하게 만듭니다.

＿지식in

스스로 걸레가 되기를

걸레의 겉모습은 비천하기 그지없습니다.
그러나 그 안을 들여다보면
그만큼 귀하고 소중한 것도 없습니다.

걸레는
다른 사물에 묻어 있는 더러움을 닦아내기 위해
자신의 몸에 그 더러움을 묻히며 제 살을 떼어냅니다.

이렇듯
세상의 모든 일은 어떻게 보느냐에 따라
비천함과 소중함이 크게 엇갈릴 수 있습니다.

사람을 보는 눈과 대하는 태도도 마찬가지입니다.
누구를 이해하면 사랑의 씨앗이 되지만
누구를 오해하면 미움과 증오가 시작됩니다.

그리고 남을 이해하기 위해서는
자기 스스로 걸레가 되기를 선택해야 합니다.

__지식in

마음은 자석과 같아서

하나가 필요할 때는
하나만 가지려 해야 합니다.
만약 둘을 가지려 덤벼들다가는
애초에 가질 수 있던
하나마저 잃기 일쑤입니다.

우리는
작은 것에 만족하고
적은 것이 흡족해할 줄 알아야 합니다.

우리의 마음은
자석과 같아서
욕심은
더 큰 욕심을 끌어들이고
어두운 생각은
더 강한 어둠을 몰아옵니다.

그렇게 닥쳐온 욕심과 어두운 마음은
결국 우리의 몸과 마음을
황폐하게 만들고 맙니다.

__지식in

미련을 버릴 줄 알아야……

처음부터
당신의 것이었던 게 있을까요?
당신의 돈과 당신의 집도 남의 것이었고
심지어 당신의 목숨까지도 신이 주신 겁니다.

당신 것이 아니었던 만큼
그것이 당신 곁을 떠난다고
너무 아쉬워할 필요가 없습니다.
남의 것이 당신에게 왔듯이
당신의 것이 남에게 가는 것이
세상의 이치입니다.

언제나 큰마음을 가지고
당신 곁을 떠나려 하는 것을 놓아 주세요.
그릇도 비워야
새 것을 담을 수 있으며,
미련을 버릴 줄 알아야
마음이 자유로워집니다.

__지식in

내 마음에 그려 놓은 사람

내 마음에 그려 놓은
마음이 고운 그 사람이 있어서
세상은 살맛나고
나의 삶은 쓸쓸하지 않습니다.

그리움은 누구나 안고 살지만
이룰 수 있는 그리움이 있다면
삶이 고독하지 않습니다.

하루 해 날마다 뜨고 지고
눈물 날 것 같은 그리움도 있지만
나를 바라보는 맑은 눈동자 살아 빛나고
날마다 무르익어 가는 사랑이 있어
나의 삶은 의미가 있습니다.

내 마음에 그려 놓은
마음 착한 그 사람이 있어서
세상이 즐겁고
살아가는 재미가 있습니다.

__이해인

마음으로 지어진 집

잘 지어진 집에
비나 바람이 새어 들지 않듯이

웃는 얼굴과 고운 말씨로 벽을 만들고,
성실과 노력으로 든든한 기둥을 삼고,
겸손과 인내로 따뜻한 바닥을 삼고,
베풂과 나눔으로 창문을 널찍하게 내고,

지혜와 사랑으로
마음의 지붕을 잘 이은 사람은
어떤 번뇌나 어려움도
그 마음에 머무르지 못할 것이다.

한정되고 유한한 공간에
집을 크게 짓고
어리석은 부자로 살기보다
무한정의 공간에 영원한 마음의 집을
튼튼히 지을 줄 아는 사람은
진정 행복한 사람일 것이다.

__진명스님

모두가 부처

언젠가 열차대합실에서
서양 종교를 선교하는 사람을 만났는데
출가 승려임을 보면서도 다가와서
"하나님을 믿으세요. 하나님"하고
집요하게 선교를 하더군요.
그래서 이렇게 답했지요.

"나는 하나님 생기기 전부터 하나님을 믿소.
하나님만 믿는 것이 아니고
앞집의 박 서방, 뒷집의 김 서방도 다 믿소."

사실 우리가 믿자고 보면
안 보이고 모르는 신보다는
이웃이 더욱 미더운 것 아니겠습니까?

그들 모두 본래 마음이 다 부처자리인데
그 모습을 본다면 당연히 믿어야지요.

__서암스님

4장

삶과 만남

사랑이라는 나무의 작은 열매

공적인 일에 봉사하라.

사랑으로 완성하라.

말을 삼가라.

절제에 힘쓰라.

노력하라.

악한 일을 거부하고

옳은 일을

실천에 옮길 때는

용기와 자신감을 가져라

.

필요한 일, 옳은 일,

가치 있는 일을 하며

진실되게 말하라.

눈에 보이지 않는

사소한 행동이나 말은

사랑이라는 나무의 작은 열매이다.

그것은

나중에 크게 자라서

그 가지로

이 세상의 모든 것을

덮게 될 것이다.

__톨스토이

먼저 마음의 문을 연다면

사랑은
움직이는 것이라고 하죠.
가만히 앉아서
기다리기만 하는 것이 아니라
먼저
다가가려는
노력을 해야 얻을 수 있는
정성의 결과가
바로
사랑이라는 얘기일 겁니다.

상대가 나에게 해주기를 바라기보다
내가 먼저 다가가서 해주는
겸손과 용기가 바로 사랑이랍니다.

차 한 잔으로,
좋은 책으로,
혹은 따뜻한 대화로
내가
먼저 마음의 문을 연다면
나를 피하던 사람들도
귀한 벗이 될 것입니다.

__지식in

언제나 자신과 연애하듯이 살라

언제나 당신 자신과 연애하듯이 살라.

그대가 불행하다고 해서 남을 원망하느라

기운과 시간을 허비하지 말라.

어느 누구도 그대 인생의 질에 영향을 미칠 수는 없다.

그럴 수 있는 사람은 오직 당신뿐이다.

모든 것은 타인의 행동에 반응하는 스스로의 생각과 태도에 달려있다.

모든 사람들이 현재의 자신과는 다른, 좀 더 중요한 사람이 되고 싶어하

는데, 그런 헛된 노력에 매달리지 말라.

그대는 이미 중요한 사람이다.

그대는 그대 자신이다.

그대 본연의 향기로운 모습으로 존재할 때 비로소 행복해질 수 있다.

그대 본연의 모습에서 만족을 느끼지 못한다면, 진정한 만족이란 결단코

불가능하다.

자부심이란 다른 누구도 아닌 오직 그대만이 그대 자신에게 줄 수 있는

것이다

스스로를 사랑하는 것은 중요한 일이다.

당신의 어머니가 당신을 사랑하는 것 이상으로 스스로를 사랑하라.

언제나 당신 자신과 연애하듯이 살라.

_어니 J. 젤린스키

먼 곳에서 예수를 찾지 마라

먼 곳에서 예수를 찾지 마십시오, 그분은 거기에 계시지 않습니다.
그분은 그대 바로 가까이 그대와 함께 계십니다.

그대의 등불이 타오르게 하다 보면 그대는 항상 그분을 만날 것입니다.
몇 방울의 사랑을 부어 등불이 꺼지지 않게 애쓰다 보면 그대를 사랑하
는 그분의 사랑을 확연히 보게 될 것입니다.

우리 마음에 가득 찬 것들은 다양한 방법으로 표현됩니다.
즉, 우리의 눈이나 감각을 통해, 우리가 쓰는 글이나 말을 통해, 우리가
걸어가거나, 무엇을 받거나, 봉사하는 방법을 통해서도 우리는 우리의 마
음을 표현하게 됩니다.

하느님으로부터 온 이 세상. 그리스도의 빛으로 변화된 이 세상에서 저
는 가난한 이들의 고통을 나누며 살고자 했습니다.

누구하고든지 하나가 되어야만 우리는 그들을 구원할 수 있고, 하느님을
그들의 삶으로 끌어들일 수 있으며, 그들에게 하느님의 모습을 줄 수 있다
고 확신하기 때문이지요.

__마더 테레사

배우고 사랑하고 웃어라

당신이 가진 한계는 스스로 만든 것이다.
감옥은 당신 자신이 만든 것, 삶은 당신에게 도전을 주었다.
하지만 그렇다고 해서 그 목적이 당신을 구속하기 위함은 아니었다.

당신에게 자유를 주고,
성장하고,
치유 받을 수 있는 배움과 경험을 주기 위함이었다.
삶은 당신을 감옥에서 구하기 위해 노력했다.

자기 자신을 비난하지 말라.
사랑하는 마음으로 여행을 계속하고, 지금 이 순간에 머물라.
경험하고, 배우고, 사랑하고, 웃으라.
울고 싶다면 울라.
어둠 속에서도 볼 수 있도록 손전등을 갖고 다니라.

하지만 무엇보다 자기 자신을 받아드리고 앞으로 나아가라.
여행을 계속하라.
자유롭게, 그리고 사랑하고, 자주 웃으라.

__멜로디 비에티

당신은 소중한 사람

누군가가 우리에게 고개를 한번 끄덕여주는 것만으로도
우리는 미소 질을 수 있고
또 언젠가 실패했던 일에 다시 도전해볼 수도 있는
용기를 얻게 되듯이 소중한 누군가가
우리 마음 한구석에 자리 잡고 있을 때
우리는 그 어느 때보다 밝게 빛나며 활기를 띠고
자신의 일을 쉽게 성취해나갈 수 있습니다.
우리는 누구나 소중한 사람을 필요로 합니다.

또한 우리들 스스로도 우리가 같은 길을
가고 있는 소중한 사람이라는 걸 잊어서는 안 되겠지요.

우리가 누군가에게 소중한 사람이라는 걸 알고 있을 때
어떤 일에서든 두려움을 극복해낼 수 있듯이
어느 날 갑작스레 찾아든
외로움은
우리가 누군가의 사랑을 느낄 때
사라지게 됩니다.

__카렌 케이시

집착에서 벗어나면

물은 파문이 일지 않으면
스스로 고요하고
거울은 때가 끼지 않으면
스스로 밝은 것이다.

마음도 굳이 맑게 하려고 애쓸 필요가 없으니
때를 없애버리면 맑음이 저절로
나타나게 된다.

즐거움도 꼭 찾으려고 할 필요가 없으니
괴로움을 떨쳐 버리면
즐거움이 저절로 있게 되는 것이다.

＿채근담

가장 아름다운 시간은 사랑하는 시간이다

우리에게 정말 소중한 것은, 정녕 중요한 것은 당신이 어떤 차를 모느냐가 아니라 얼마나 많은 사람들을 태워 주느냐는 것이다.

정녕 중요한 것은 당신이 사는 집의 크기가 아니라 얼마나 많은 사람들을 집으로 초대하느냐는 것이다.

정녕 중요한 것은 당신의 사회적 지위가 아니라 당신의 삶을 어떤 사람들과 더불어 살아가느냐는 것이다.

정녕 중요한 것은 당신이 무엇을 가졌는가가 아니라 남에게 무엇을 베푸느냐는 것이다.

정녕 중요한 것은 얼마나 많은 친구를 가졌는가가 아니라 얼마나 많은 사람이 당신을 친구로 생각하느냐는 것이다.

정녕 중요한 것은 얼마나 많은 일을 했느냐가 아니라 당신의 가족과 사랑하는 이들을 위하여 보낸 시간이 얼마나 되느냐는 것이다.

정녕 중요한 것은 당신이 좋은 동네에 사느냐가 아니라 당신이 이웃사람들을 어떻게 대하느냐는 것이다.

__지식in

자기 자신을 지배하는 사람

어떤 사람이 전쟁에서
몇 만 명의 병사를 물리쳐 승리를 얻고 또
어떤 사람은
자신의 정욕을 극복해서 승리를 얻었다면
후자가 더 큰 승리를 거둔 것이다.

자기 자신을 이기는 것보다
값진 승리는 없다.

어떤 사람도
어떤 신도
자기 자신을 지배하는
사람의 승리를 막을 수는 없다.

__불교 경전

이름 없는 들꽃처럼

온실 속에서 사랑받고 자라는
화초가 있는가 하면
허허로운 벌판에서
비바람과 혹한을 견뎌야 하는
들꽃도 있습니다.

온실 속의 화초도
나름대로 아름답지만
이름 없는 골짜기에서
저 홀로 자란 들꽃도
골짜기 곳곳으로
자신의 향기를 풍깁니다.

그 들꽃을 위해
하늘은 때에 맞춰 단비를 내려주고
따뜻한 볕으로
몸을 감싸주기도 합니다.
들꽃의 몸을 심하게 흔드는 바람마저
사실은 들꽃의 뿌리를 튼튼히 만들어 줍니다.

당신이
이름 없는 골짜기의 들꽃일지 모릅니다.

__지식in

목숨을 가장 값지게 하는 일

신이 인간을 세상에 보내면서
아무것도 없이
빈손으로 태어나게 하는 것은
누구나 사랑 하나만으로도
이 세상을 충분히
살아갈 수 있기 때문이라고 합니다.

신이 인간을 다시 데려가면서
아무것도 없는
빈 몸으로 불러들이는 까닭은
한평생 얻은 것 가운데
천국으로 가져갈 만한 것은
오직
사랑밖에 없기 때문이라고 합니다.

모두에게 헌신하고
모두를 위하고 아껴서
가슴에
사랑을 철철 넘치게 하는 것은
신이 허락한 목숨을
가장 값지게 하는 일입니다.

__지식in

이런 삶 되게 하소서

우리의 삶은 고난의 연속이오니 힘든 일에 부딪칠 때마다 사랑을 깨닫게 하소서.

찢어진 상처마다 피고름이 흘러내려도 그 아픔에 원망과 비난하지 않게 하소서.

어떤 순간에도 잘 견디고 이겨낼 수 있는 믿음을 갖게 해주시기를 원합니다.

헛된 욕망과 욕심에 빠져 쓸데없는 것들에 집착하지 않게 하소서.

고통당할 때 도리어 믿음이 성숙하는 계기가 되도록 강하고 담대함을 주소서.

불안한 마음으로부터 벗어나게 하소서. 불만 가득한 마음으로부터 벗어나게 하소서.

아무런 가치 없는 일로 인해 걱정을 쌓아놓지 않게 하소서.

걱정을 구실 삼아 믿음에서 멀어지지 않게 하소서.

있지도 않은 일로 인해 근심을 쌓아놓지 않게 하소서.

내 마음에 걱정이 파고 들어와 스스로를 괴롭히지 않게 하소서.

어려울 때일수록 자신에게만 빠져 있지 말게 하시고 주변을 돌아보며 바라보게 하소서.

일부러 근심 걱정을 만드는 삶이 아니라 기쁨을 만들어가며 살게 하소서.

__용혜원

'일하는 곳' 보다 '하는 일'이 중요하다

이 세상을 살아가고 있는 사람 중에서
아무 목적 없이 태어난 사람은 한 사람도 없습니다.
누구나 자기만의 의미와 능력을 가지고 태어났습니다.
그러므로 세상에 귀하지 않은 사람도 없습니다.

다만 자기 삶의 의미와 능력을 모르는 사람이 많습니다.
그것을 찾아야 합니다.
자기가 살아가는 의미와 자기의 타고난 능력 말입니다.
그것을 찾으면 그날부터
모든 삶이 고통에서 기쁨으로,
좌절에서 열정으로, 복잡함에서 단순함으로,
불안에서 평안으로 바뀝니다.

몸에 맞지 않은 옷을 입으면
불편해 오래 입지 못하듯이
적성에 맞지 않은 일을 하면 흥이 날 수 없습니다.
이 때문에 대학이나 직장을 선택할 때는
간판보다
그곳에서 배우고 하는 일에
마음을 두어야 합니다.

__지식in

삶이란 원래 그런 것

참으로 복잡하고 아슬아슬한 것이 삶입니다.
걱정 없는 날이 없고,
부족함을 느끼지 않는 날이 없는 게 삶입니다.

삶은
어느 것 하나 결정하기가 쉽지 않고
마음 단단히 먹은 것도 실천하기가 쉽지 않습니다.
알 수 없는 내일 때문에 오늘 이리저리 흔들리곤 합니다.

말로야 쉽게 행복하다,
기쁘다고 얘기하지만
과연 얼마나 행복하고 어느 정도 기쁘게 사는지
생각하면 막막하기만 합니다.

삶이란 원래 그런 것입니다.
나만 그런 것이 아니라 누구에게나 힘든 이야기입니다.
'왜 나만 이렇게 불운하지'라고 말하는 것은
삶의 진짜 모습을 모르고서 하는
푸념일 뿐입니다.

__지식in

반성하는 삶이 아름답다

참아야 한다고 생각하면서도
결국 화를 내고 시원해한 적이 없습니까.
실패도 삶에 도움이 된다고 말하면서도
정작 실패할 것에 두려워 벌벌 떤 적이 없습니까.

혹시 너그러운 척하면서
까다롭게 행동한 적이 없습니까.
말로는 절약하자고 하지만,
실제는 낭비하고 있지 않습니까.

남에게는 희망을 품으라고 하면서
스스로는 불안해하거나
남에게는 변화가 좋은 것이라 말하면서
스스로는 안정만을 따라다니지는 않습니까.

남의 성공에 박수를 치기보다 질투를 하고,
감사의 말보다는 불평을 많이 하며
살지는 않습니까.

우리가
매일 반성해야 할 얘기들입니다.

__지식in

지금의 그대를 한껏 즐겁고 아름답게 살라

바람에 뒤척이는 풀잎처럼 춤추며 살 일이다.

날으는 풀씨처럼 가볍게 살 일이다.

온 대지에 은은한 향기 풍기며 살 일이다.

하늘 향해 눈부신 생명력을 내뿜으며 살 일이다.

어제와 내일은 보내신 이의 시간이고, 나의 시간은 오직 이 순간 뿐, 온 갖 근심과 고뇌는 나를 지으신 이의 몫이니, 나는 그저 살아있음의 기쁨을 구가할 뿐이다.

나는 어차피 내 주변 몇 사람의 생각 속에서나 살아가는 존재.

내가 죽어 단 몇 십 년만 지나도 세상은 나를 까맣게 잊으리니.

그대 무엇을 위하여 그다지 고뇌하는가?

다만 지금의 그대를 한껏 즐겁고 아름답게 살라.

그리고 그대 주변의 사람들을 기쁘게 하여주라.

그대의 지난 날조차도 스스로 기억하지 못하거든 그 누가 먼 훗날 그대의 지난날을 기억하리요?

그러니 모든 것을 다 놓고 그저 지금 이 순간을 더불어 기쁘게 살라.

모든 죄는 잊혀 지고 용서되며 지워질 것이나 그대 스스로 영혼이 남아 있거든 먼 훗날 후회할 것이다.

다만 즐겁게 살지 않은 채 사소한 것에 너무나 심각했던 것이 〈죄〉라고.

__무라까미 류

가슴뛰는 삶을 살아라

가슴 뛰는 일을 하라.
그것이 당신이 이 세상에 온 이유이자 목적이다.

그리고 그런 삶을 사는 것이 실제로 가능하다는 사실을
당신은 깨달을 필요가 있다.
자신이 원하는 방향으로 삶을 이끌어나가는 힘이 누구에게나 있다.
두려움을 믿는 사람은 자신의 삶도 두려움으로 가득 차게 만든다.

사랑과 빛을 믿는 사람은 오직 사랑과 빛만을 체험한다.
당신이 체험하는 물리적 현상은
당신이 무엇을 믿고 있는가에 따라 결정된다.
자신의 삶을 사는 일, 충분히 자신의 모든 부분을 살아가는 일,
그리고 자기 존재가
이미 완전하다는 것을 깨닫는 일,
지금 당신에게 필요한 것은 그것이다.
삶은 당신이 생각하는 것보다 훨씬 단순하다.
진정으로 가슴 뛰는 일을 하고 있다면
모든 것이 당신에게 주어 질 것이다.

우주는 무의미한 일을 창조하지 않기 때문이다.
당신이 가슴 뛰는 삶을 살 때 우주는 그 일을 최대한 도와줄 것이다.
이것이 우주의 기본 법칙이다.

__다릴 앙카

더불어 사는 세상

높이 쏘아진 화살도 기운이 다하면 땅에 떨어지고,
피었던 잎도 떨어지면 뿌리로 돌아간다.
만물은
원래부터 한 뿌리에서 비롯되었기 때문이다.
이를 들어
연(緣), 윤회(輪廻), 또는 인과(因果)라 한다.

시비선악(是非善惡)도
본래 하나에서 시작된 것이어서
이를 가른다는 것은
마음속에 타오르는 불기둥을 끄려고
바닷물을 다 마시려는 것과 같다.
원래가 하나인,
사바 사람들이 더불어 잘 사는
세상을 만들기 위해서는
이 시비선악의 분별심이 없어져야 한다.

사바의 참모습은
수억만 년 비추는 해나 티없이 맑은 창공과 같아
청정한 것인데,
분별심을 이르키는 마음에서 하나가 열이 되고 백이 되고,
그로 인해 욕심과 고통이 생겨 나는 것이다.

__성철스님

이 순간은 완벽한 것이다

  정신의 청정함에서 만족이 생긴다.
  만족이라 함은 자신이 어떠한 상황에 처해 있든 아무런 불평 없이 있는 그대로 받아들이는 것이다.

  불평하지 않고 그냥 받아들일 뿐 아니라 주어진 것에 감사하고 기뻐하는 것이다.
  이 순간은 완벽한 것이다.

  마음이 이 순간에서 벗어나지 않을 때, 다른 시간을 구하지 않을 때, 다른 장소를 구하지 않을 때, 다른 존재의 방식을 요구하지 않을 때, 구하는 마음을 놓을 때 새들이 노래하는 것처럼, 꽃이 피어나는 것처럼, 별들이 춤추는 것처럼 지금 여기에서 기뻐한다.

  바로 지금 이 순간이 모든 것이요, 전체요, 완벽함이다.
  여기에 더 보탤게 없다.
  미래를 내려놓고 내일을 내려 놓을 때 만족이 찾아온다.
  '지금'이 유일한 시간이요, 영원이 될 때 만족이 찾아온다.

  __오쇼 라즈니쉬

나에게 바치는 기도

나는 신의 환상으로
나를 무시하지 않을 것이다.
나는 진리의 환상으로
나를 미궁에 빠뜨리지 않을 것이다.
나는 깨달음의 환상으로
나를 방황 시키지 않을 것이다.

나는 해탈의 환상으로
나를 구속하지 않을 것이다.
나는 능력의 환상으로
나를 초라하게 만들지 않을 것이다.
나는 성공의 환상으로
나를 힘들게 하지 않을 것이다.

나는 수행의 환상으로
나를 자학하지 않을 것이다.
나는 비교의 환상으로
나를 위축시키지 않을 것이다.
나는 행복의 환상으로
나를 불행히 여기지 않을 것이다.
그리고 나는 나의 환상으로
나를 대신하지 않을 것이다.

__지식in

선 禅

추울 때는 눈 오고, 따뜻하면 꽃 피고,
더울 때는 비 오고, 서늘하면 낙엽 진다.

禅은 모든 것을 있는 그대로 보고, 있는 그대로 듣고, 있는 그대로 그 맛을 보고, 이를 깨달아 아는 것.

禅은 모든 것의 실상을 바로 알고자 자신의 마음 밭을 있는 그대로 보고 깨달아 아는 것.

자신의 마음 밭을 알고자 하는가?

사람은 누구든지 목마르면 물마시고, 부르면 대답하고, 소리나면 듣고, 매 맞으며 아프다 하는데 무엇이 이와 같이 하는가.
몸이라 해도 어긋나고, 감정이라 해도 어긋나고, 느낌이라 해도 어긋나고, 마음이라 해도 멀어지니 있는 그대로만 보라.
그러면 바로 알게 되리. 그래도 모르면 이것이 무엇인지 사무쳐 참구할 일이네.

＿혜봉스님

5장

인연과 지혜

아쉬움을 남겨두라

완벽한 만족 다음에는
어김없이 허무가 찾아오게 마련이다.
그러므로
어떤 일을 하든
아쉬움을 남겨두는 것이 현명하다.

모든 것을 가지면
이내 실망이 찾아오고
불만은
전보다 더 크게 부풀 것이다.
인간에게는
이성적으로 다 채워지지 않은
무언가가 남아 있어야 하며,
그것은
호기심을 일으키고
희망을 되살린다.

칭찬을 할 때도
완전한 만족을 주지 않는 편이 현명하다.
모든 두려움은
더 이상 원하는 바가
없다는 데에서 시작되기 때문이다.

__발타자르 그라시안

쉬운 일은 신중하게, 어려운 일은 대담하게 하라

쉬운 일을

어려운 일처럼 하면

자신감이

우리를 나태하지 않게 할 것이며,

어려운 일을

쉬운 일처럼 대하면

소심한 마음으로

용기를 잃지 않게 될 것이다.

어떤 일을 끝내지 못하고

방치하지 않도록 하려면

그 일을 이미 해버린 것처럼

바라볼 필요가 있다.

반대의 경우도 마찬가지다.

노력하고 애쓰면

불가능한 일도 가능해진다.

시도해보기도 전에

지레 겁에 질리지 않도록,

책임지는 것을

두려워하지 않는

태도도 필요하다.

＿발타자르 그라시안

좀 더 즐기고 좀 덜 노력하라

인생에서
성공하기 위해서는
좀 더 노력하고
좀 덜 즐겨야 한다고
사람들은 말한다.
그러나 원하는 일을 하거나
놀며 시간을 보내는 것이
바쁘게 일만 하는 것보다
차라리 나은 경우가 많다.

우리가 가진 것은
결국 시간뿐이다.
귀중한 시간을
기계적인 일과 형식적인
작업을 하는 데만 쓰는 것은
불행한 일이 아닐까?

성공에만
지나치게 매달리지 말라.
그러한 집착 때문에
되레 몰락할 위험이 있다.

__발타자르 그라시안

마음의 중심을 지켜라

대문을 수없이 여닫더라도
문을 열고 닫는
잠금장치는
항상 가만히 머물며 움직이지 않는다.
또 미인이나 추녀가 번갈아 모습을 비추더라도
거울은
늘 움직이지 않고 상을 비춘다.

이처럼 우리의 마음도
매일
다른 사람들을 대하는 가운데
고요함을 유지해야 한다.
그로써 때때로 몰아치는 삶의
파도를 다스릴 수 있게 될 것이다.
그러지 않고 상황에 따라
마음이 이리저리 휘둘린다면
만사를 올바르게 처리하는
판단력은
힘을 잃으며,
잠자리에 들어서도
좋지 않은 꿈만 꾸게 된다.

_뤼신우

우리가 할 일은 그저 살아가는 것이다

만일 인간이
육체적인 존재에 불과하다면
죽음은
모든 것의 종말을 의미한다.
만일 인간이
정신적인 존재이며
육체는
정신의 껍데기에 불과하다면
죽음은 단지
어떤 변화에 지나지 않는다.

나는 이러한 변화를
남들처럼 공포로
인식하지는 않는다.
내 생각에 의하면,
죽음이란 좋은 것으로의
변화를 의미한다.
죽음에 대해서
이러쿵저러쿵 떠드는 것은 어리석은 일이다.
우리가 할 일은 그저 살아가는 것이며,
잘 사는 방법을 아는 사람은
죽음도 훌륭하게 맞이할 수 있다.

__시어도어 파커

자신에 대한 맹신은 교만을 부른다

발끝으로만 오
랫동안 서 있을 수 없듯이
자기 자신을 과시하는 사람은
빛날 수가 없고
자기만족에 취해버린 사람은
영광에 도달할 수가 없다.

자랑을 일삼는 자는
보상을 바랄 수 없고
교만한 자는
그 이상으로 자신을 높일 수 없다.
많은 이들에게 존경을 받기 보다는
반감만 불러일으킬 뿐이다.

그러므로
훌륭한 이성을 가진 사람은
자기 자신에게
지나친 신뢰를 갖지 않는다.

__노자

움직이지만 움직이지 않는 듯 보이는 배처럼

움직이는 배 위에 서서
갑판을 내려다보고 있으면
배가 움직이는 것을 느끼지 못한다.
그러나 멀리 있는
나무나 언덕을 바라보고 있으면
배가 움직이고 있음을 느낄 수 있다.

그와 같이 인생에 있어서도
모든 사람이 같은 길을 걷고 있을 때에는
서로 아무것도 보지 못한다.

하지만
그중 한 사람이
신의 길을 걷고 있으면
다른 사람들은 그제야 비로소
자신들이 얼마나
악한 생활을 하고 있는가를 깨닫고,
때문에
악한 사람들을 무리에서
추방하려고 하는 것이다.

__파스칼

자신의 어리석음을 용서할 줄 알라

어리석은 짓을 저지르는 사람이
어리석은 것이 아니라
자신이 저지른 어리석음을
용서할 줄 모르는 사람이
진짜 어리석은 사람이다.

때로는 자신이 저지른 중대한 실수를
스스로 포용할 줄 알아야 한다.
인간은 누구나 오류를 범하기 때문이다.
어리석은 사람은 잘못을 저지르면
스스로를 지나치게 책망하며
섣불리 실패를 예견하기 바쁘지만,
현명한 사람은 완전무결하지 못한 자신을 인정하고
앞으로의 행동에 더욱 신경 쓴다.

이미 일어난 일은 빨리 잊어버리고
스스로의 결점을 과장하지 않는 사람만이
미래에 더 큰 명망을 얻게 될 것이다.

＿발타자르 그라시안

이성적으로 생각하고 신속하게 행동하라

어리석은 사람들은
경솔하고 성급한 태도로 일을 그르친다.
그들은
어떠한 확신이나 사전적 지식 없이 무턱대고
일에 달려들기 때문에
곤경에 부딪히기 일쑤다.

반면 지나치게 신중하기만 하고
결단력이 없는 사람들은 매사에 주저하며
시간을 끌다가 일을 그르친다.

일에 대해
충분히 생각하는 것은 물론
필요하지만
행동에 옮기지 않고 망설이기만 한다면
성장의 기회는 오지 않는다.
충분히 고민했고
스스로의 판단에 대한 믿음이 있다면
행동으로
신속하게 옮기는 용기도 필요하다.

＿발타자르 그라시안

꿈만 꾸는 사람과 행동하는 사람

세상에는
두 부류의 사람이 있습니다.
하나는 언제나 생각하고 계획하고
꿈을 꾸는 사람입니다.
그리고 다른 하나는
그것을 행동으로 옮기는 사람입니다.

꿈만 꾸는 사람은
실패를 맛볼 수밖에 없고
실천하는 사람만 성공을 붙잡습니다.

목표를 세웠다면
당장 실천해야 합니다.

생각만 하고 꿈만 꾼다면
삶의 변화를 얻을 수 없습니다.

__지식in

시간의 회계장부

글래드스턴은 영국의 명재상입니다.
그는 무려 4번이나 총리를 지냈습니다.
영국 국민은 그를 처칠과 함께
'가장 위대한 정치인'으로 꼽습니다.

그는 15세 때부터 늙어 실명할 때까지
하루 일과를
15분 단위로 기록했습니다.
단 1분도
헛되이 쓰지 않기 위함이었지요.
이 기록을 '시간의 회계장부'라 부릅니다.

그는 누가 성공의 비결을 물으면
"시간을 낭비하지 말라"고 말했습니다.
'시간은 금이다'라는 말은
영원히 변치 않을
진리 중의 진리입니다

__지식in

계획보다 도전이 중요하다

고민은
어떤 일을 시작했기 때문에 생기기보다는
어떤 일을 할까 말까
망설이는 데에서 생긴다고 합니다.

어떤 일을 앞에 두고
이럴까 저럴까 망설이기보다는
불완전한 상태라도
일단 시작하는 것이 더 좋다는 얘기입니다.
망설이기보다는
차라리 실패를
선택하라는 말일 수도 있습니다.

실패를 두려워해
도전은 미뤄둔 채
계획만 열심히 세우는 사람은
절대
성공의 열매를 딸 수 없습니다.

＿지식in

지금 당장

꿈을 꿀 수 있다면 행동할 수 있고,
행동할 수 있다면 원하는 대로 될 수 있습니다.

꿈꾸는 것도 훌륭하지만
꿈을 실행에 옮기는 것은 더 훌륭합니다.

신념도 강하지만
신념에 실행을 더하면 더욱 강해집니다.

열망도 도움이 되지만
열망에 노력을 더하면 천하무적이 됩니다.

시도하고 또 시도하는 자만이
성공을 쟁취하고 그것을 유지할 수 있습니다.

시도해서 잃을 것은 없으며,
성공하면 수확을 얻게 됩니다.
그러니 일단 해보세요.

망설이지 말고 지금 당장 해보세요.

__지식in

살다 보면······

살다 보면
힘든 일을 겪기 마련입니다.
그럴 때면 대개
'왜 나에게만 이런 시련이 닥쳐오는 것일까' 하고
생각하기 쉽습니다.

그러나 잠시 주변을 돌아보면
당신의 시련보다 더 큰 고통과 싸우는 사람이
무척 많다는 것을 발견할 수 있습니다.

또 잠시 옛일을 생각하면
당신은 지금보다 더 큰 시련을 잘 이겨내 왔음을
스스로 깨닫게 될 것입니다.

시련은 누구에게나 다가오는 것이고
당신에게는 그것들을 극복할 능력이 차고 넘칩니다.

__지식in

나를 바로 잡으면 모든 것이 바로 잡힌다.

세상을 탓하지 말고
남을 탓하지 말고
흔들리는 자기 마음을 바로 잡아라.
나를 바로 잡으면
모든 것이 바로 잡힌다.

즉,
자신을 비웃을 수 있는 사람은
남의 비웃음을 당하지 않는다.
여러분이 필요로 하는 것은
이미 여러분 안에 있습니다.

여러분이 반드시 깨달아야 할 것은
자신 안에 모든 것이
존재한다는 사실을 아는 일입니다.

여러분이야말로 완전한 여러분입니다.

＿레오 버스카글리아

과거를 버리십시오

마음은 지나 버린 당신의 과거입니다.

과거를 버리십시오.

그러면 그때 당신의 의식은 완전하게 깨어나게 됩니다.

과거는 죽어 버린 파편입니다.

과거에서 벗어 나십시오.

그러면 당신은 목격하는 법을 배우게 됩니다.

과거, 생각, 기억에서 자유롭게 될 때,

당신은 완전한 현재(지금 이 순간)에 머무르게 됩니다.

당신이 현재 속에 존재할 때,

그때 당신은 모든 것을 '있는 그대로' 목격하게 됩니다.

생각이 있을 때, 과거는 존재하고,

생각이 제거되면, 과거는 사라집니다.

그리고 그때 당신은 아트만에 안주하게 됩니다.

지고자(the Self)는 항상 모든 것을

단순히 지켜보고 있을 따름입니다.

지고자는 인격체가 아닙니다.

그는 순수 의식입니다.

그는 모든 현상에서 완전히 초월해 있습니다.

_ 암마

불가능이란

불가능,
그것은 나약한 사람들의 핑계에 불과하다.
불가능,
그것은 사실이 아니라 하나의 의견일 뿐이다.

불가능,
그것은 영원한 것이 아니라 일시적인 것이다.
불가능,
그것은 도전할 수 있는 가능성을 의미한다.

불가능,
그것은 사람들을 용기 있게 만들어 주는 것이다.
불가능,
그것은 아무것도 아니다.

성공한 사람은 남에게는 관대하지만
자신에게는 너그럽지 못하다.

＿탈무드

미래란 바로 오늘이다

어제의 문을
잠가 버려라.
그리고 내일의 커튼도
닫아라.
그러면 오늘은 안전한 하루가 된다.

내일과 어제의 문제까지
오늘 생각하면
아무리 강한 사람이라도 쓰러지게 된다.

미래나 과거를
모두 닫아버려라.
미래란
바로 오늘이다.

내일이 아니다.
인간 구제의 날은 오늘이다.

__오슬러

쉬어 가라

같은 물건을
오래도록 바라보면
눈이 흐려져
결국에는
아무것도 보이지 않게 된다.

그와 마찬가지로
한 가지 일만
계속해서 생각하면
오히려 이해하기
어려운 경우가 있다.

때문에
우리는
틈틈이 쉬어갈 필요가 있다.

__아르투어 쇼펜하우어

자기의 능력을 바로 알라

물에서
생활하는 사람은
배를
다룰 줄 알게 되고

나무를
다루는 목수의 기술은
점점 일취월장하게 된다.

이처럼 사람은
자기의 능력을
바로 알고
노력하면
반드시 성공하게 마련이다.

__석가모니

6장

꿈과 평화

먼저 꽃이 피게 하라

갑자기
이루어지는 일은 없다.
한 알의 과실,
한 송이의 꽃조차
한순간에
생겨난 것이 아니다.

그대가 나를 향해서
과실이 필요하다고 말한다면
나는 대답할 것이다.

시간이 필요하다.
먼저 꽃이 피게 하라.
그리고
열매가 나오도록 하여라.

__에픽테토스

순서대로 하라

급히 서두르지 말라.

노래를 배우기 전에
말부터 배워야 한다.
한 걸음에
높은 곳에 뛰어오를 수 없다.

순서를 밟지 않고
급히 서두른 일은
반드시
헛수고로 돌아가게 돼 있다.

한 계단씩
오르는 것이
바로 시간을
절약하는 것이다.

＿채근담

시간표가 없는 버스 정류장

성공이라는 것은 시간표가 없는
버스 정류장에서 버스를 기다리는 것이다.

언젠가 올 것이라는 기대를 가지고
참을성 있게 기다려도
버스가 온다는 보장은 어디에도 없다.

어쩌면 노선이 폐지되었을지도 모르는
불안감이 마음속에 솟아오르기 시작한다.
그러면 대부분의 사람들은 기다리는 것을 포기하고
성공이라는 버스가 오는 정류장을 떠나버린다.

그러나 참을성 있게 기다리면
반드시 성공이라는 버스는 온다.

성공을 붙잡지 못하는 사람이
가지지 못한 것은
재능이 아니라 인내력인 것이다.

__고다마 미쓰오

당신은 언제쯤이면

당신은 언제쯤이면
육체적인 욕구에서 벗어나
정신적인 인간이 될 수 있겠는가?

당신은 언제쯤이면
모든 사람이
소망하는 행복에 대해 깨달을 수 있겠는가?

당신은 언제쯤이면
자신의 행복을 위해 다른 사람으로 하여금
당신에게 봉사하기를 요구하지 않고,
자신을 비애나 정욕에서
스스로 해방시킬 수 있겠는가?

당신은 언제쯤이면
참다운 행복이란
늘 당신의 내면에 있으며,
눈에 보이는 아름다움이나
다른 사람과의 관계 속에서
찾을 수 있는 것이 아님을
깨달을 수 있겠는가?

__아우렐리우스

기도는 고요하고 평온한 상태에서 하라

기도하기 전에는
먼저 정신을 한곳으로 집중해야 한다.
그럴 수 없다면 차라리 기도를 하지 않는 것이 낫다.

기도할 때에는
비애의 감정이나 태만,
오락, 잡담 등의 영향이
조금이라도 남아 있어서는 안 된다.

오직
신성하고 평온한 마음이
되었을 때만 기도하라.
만약 마음의 준비가 되어 있지 않다면
기도는
다음으로 미루는 게 좋다.

습관화된 기도는
대개 진실하지 못하기 때문이다.

__탈무드

내 무덤 앞에서

내 무덤 앞에서 눈물짓지 말라.
난 그곳에 없다.
난 잠들지 않는다.
난 수 천 개의 바람이다.
난 눈 위에서 반짝이는 보석이다
난 잘 익은 이삭들 위에서 빛나는 햇빛이다.
난 가을에 내리는 비다.

당신이 아침의 고요 속에 눈을 떳을 때
난 원을 그리며 숫구치는
새들의 가벼운 비상이다.

난 밤에 빛나는 별들이다.

내 무덤 앞에서 울지 말라.
난 거기에 없다.
난 잠들지 않는다.

__지식in

실패병을 치유하는 묘약

어떤 계획을 갖고 있으면서도
그것을 일이나 사업으로 연결하지 못하고
이리저리 계산만 하는 사람이 많습니다.

실패할 우려,
난관을 헤쳐 갈 과정이
두렵기 때문이지요.

하지만 닥쳐오지도 않은
실패를
얼마큼인지 모르는 고난을
두려워하는 것은
'실패병'의 주요 증상입니다.

실패병을 치료하는
묘약은
일단 '무조건 해보는 것'입니다.
아무것도 하지 않는 것도
실패하더라도
일단 하는 것이 더 현명합니다.

__지식in

부끄러움 없는 시간

아무리 고귀하고
값비싼 옷을 걸어놓아도
옷걸이의 크기가
달라지는 것이 아닙니다.

아무리 가진 것이
풍족하고 지체가 높은 사람도
그 역시 죽음의 골짜기를
벗어날 수는 없습니다.

신은
우리에게 똑같은
그릇을 내주었습니다.
그 그릇에 무엇을 담느냐는
온전히 우리 몫입니다.

잘났거나 못났거나
각자에게 주어진 인생의 그릇은
소중한 것이며
우리는 그 안에
부끄러움 없는 시간을 담아야 합니다.

_지식in

왜 나만

산다는 것은 쉬운 일이 아닙니다.
누구나 힘겹게 살아갑니다.
그런데 괜히 '왜 나만 이런 시련을 당하는 거지' 하는
생각이 들곤 합니다.

그러나 잠시 눈을 감고
당신이 지금까지 살아온 날들을 돌아보세요.
당신은 이미 참 많은 시련을
잘 이겨내 왔습니다.
다만 기억의 한계 속에서
그것을 잠시 잊고 있을 뿐입니다.

지금보다 더 큰 시련과 싸우며
누구보다 당당하고
힘차게 살아온 당신에게는
지금의 시련을
견뎌낼 용기와 지혜가 충분합니다.

__지식in

아무것도 탓하지 마라

성현은 자기 자신에 대해서는 아주 엄격하지만
다른 사람에 대해서는 아무것도 요구하지 않는다.
스스로의 상태에 만족하기 때문이다.

또한 결코 자기 운명에 대해서는
하늘을 원망하거나 다른 사람을 비난하지 않는다.
그러므로 불행한 운명에 처해 있을지라도
그 운명을 공손한 태도로 받아들일 줄 안다.

그러나 단순한 인간들은
지상의 영예를 쫓기 때문에 위험 속에 떨어지게 된다.
화살이 과녁에 맞지 않았을 때는
화살을 쏜 자신을 탓할 일이지 아무것도 탓하지 말라.
성현은 스스로 이와 같이 행한다.

_공자

아이의 웃음을 보라

어린아이가 웃는 모습을 보라.
진실로 선량한 기쁨으로
가득 차 있지 않는가.

부패하지 않은 인간은
누구나 다 그와 같다.
그러나 어떤 사람들은
덮어놓고 이방인들을 멸시하며
그들을 고통과 공포 속으로 몰아넣는다.

민족과 민족 사이에
이러한 감정을
조장하는 인간은
참으로 가증스러운 범죄자이다.

__톨스토이

근심은 손님이다

누구든
열 살 때에도 근심이 있고,
스무 살에도 근심이 있으며,
서른이 되고 마흔이 돼도
그 나이 그 상황에 따른
근심이 있기 마련입니다.

그런데 열 살 때의 근심은
스무 살이 됐을 땐 저절로 사라집니다.
마흔 살이 됐을 때는
서른 살 때의 근심이 흔적도 없어지죠.

근심은 내게 찾아온 손님이 아니라
내가 붙들고 있는 손님입니다.
내가 붙잡지 않으면 그도 떠납니다.

__지식in

나의 티, 남의 티

늘 창문 앞에서 앞집 여자가
게으르다고 흉을 보는 한 부인이 있었다.

"저 여자가 널어놓은 빨래에는
항상 얼룩이 남아 있어.
어떻게 빨래 하나도 제대로 못할까?"

그러던 어느 날,
깔끔하기로 소문난
친구가 부인의 집에 방문했다.

친구는 집 안으로 들어오자마자
얼굴을 찌푸리며 창문 가까이 다가갔다.

그러고는 못마땅한 듯
걸레를 들고 창을 닦기 시작했다.

"봐, 이렇게 닦으니 얼마나 깨끗하고 좋아?
창이 더러우면 창밖이 전부 지저분해 보인다고."

__지식in

모든 일에 뛰어날 필요는 없다

탁월한 능력을 가진 자는 자신의 능력을 과신하다가 곧잘 함정에 빠진다. 많은 분야의 다양한 일에 걸쳐 능력을 뽐내다가 사람들의 반감을 사고 마는 것이다.

어떤 일에도 쓸모없는 사람이 되는 것도 불행이지만, 모든 일을 다 잘해내려고 하는 것 역시 불행을 불러오는 태도다.

혹 인생의 한순간 자신의 욕심만큼 많은 일을 일구어냈다 해도, 제풀에 지쳐 쓰러지면 한꺼번에 많은 것을 잃게 되어 그를 추어올리며 찬탄하던 이들에게서조차 외면당하기도 한다.
그렇게 모든 능력을 탕진한 후 그에게 남는 것은 가치 높은 평가가 아니라 익숙지 않은 홀대뿐이다.

이와 같은 극단적인 상황을 피하기 위해서는 명성을 얻고 있을 때 절제하며 분수를 지킬 줄도 알아야 한다.

지나치게 많은 것을 추구하려고 발버둥치고 있다면, 그리고 그것을 많은 사람들 앞에서 과시하고 있다면 겸허한 마음으로 행동에 브레이크를 걸어라.

__발타자르 그라시안

인간이란 존재는 여인숙과 같다

인간이라는 존재는 여인숙과 같다.
매일 아침 새로운 손님이 도착한다.
기쁨, 절망, 슬픔 그리고 약간의 순간적인 깨달음 등이
예기치 않은 방문객처럼 찾아온다.

그 모두를 환영하고 맞아들이라.
설령 그들이 슬픔의 군중이어서
그대의 집을 난폭하게 쓸어가 버리고 가구들을 몽땅 내가더라도.
그렇다 해도 각각의 손님을 존중하라.
그들은 어떤 새로운 기쁨을 주기 위해
그대를 청소하는 것인지도 모르니까.

어두운 생각, 부끄러움, 후회,
그들을 문에서 웃으며 맞으라.
그리고 그들을 집 안으로 초대하라.
누가 들어오든 감사하게 여기라.
모든 손님은 저 멀리에서 보낸 안내자들이니까.

__잘랄루딘 루미

나이는 먹는 것이 아니라 거듭하는 것

나이는 칠을 더할 때마다, 빛을 더해가는 옻과 같습니다.

어떻게 하면, 나이를 멋있게 먹을 수 있을까요?

이 세상에는 한 해 두 해 세월이 거듭할수록,
매력이 더해지는 사람과 세상이 거듭될수록,
매력을 잃어버리는 사람이 있습니다.

나이를 먹고 싶지 않다고 발버둥치는 사람일수록 세월이 지나갈 때마다
매력의 빛이 희미해지기 마련입니다.

나이를 먹는 것은 결코 마이너스가 아닙니다.
한 번 두 번 칠을 거듭할 때마다 빛과 윤기를 더해가는 옻 말이에요.

나이를 먹는다고 해서 기회가 적어지는 것도 아닙니다.
이 세상에는 나이를 거듭하지 않으면 맛볼 수 없는 기쁨이 얼마든지 있
지 않습니까?

나이를 거듭하는 기쁨! 그 기쁨을 깨달았을 때,
당신은 비로소, 멋진 삶을 발견할 수 있을 것입니다.

　＿＿지식in

모든 사람에게는 해야 할 일이 있다

사람들은 자신의 보잘것없는 처지에 화를 내며 슬퍼하고,
그것을 조금이라도 빨리 바꿔보려고 애쓴다.
그러나 이 지상에서 벌어지는 상황을 돌이켜보건대
누구에게나 해야 할 중요한 일이 있다.

당신이 건강하다면 그 힘을 남을 위해 쓰도록 하고,
당신이 병들어 있다면
그 병 때문에 남에게 방해가 되지 않도록 하라.

당신이 가난하다면 남에게 동정받지 않도록 노력하고,
당신이 모욕을 당했다면
그 모욕을 준 사람을 사랑할 수 있도록 노력하라.

당신이 남을 모욕했다면
당신이 저지른 과오가 그대로 남아 있지 않도록 힘쓰라.

__톨스토이

바보들에게 예의를 지켜라

거만한 자, 고집쟁이, 오만한 자,
바보들에게 늘 예의를 지켜라.
다양한 사람들과 부딪치며
살아가는 세상 속에서 가급적이면
아무와도 대적하지 않는 것이 현명하다.

필요하다면 안전한 방법으로
그들과 거리를 두는 것도 나쁘지 않다.

어리석은 이들이 꾸미는 일을
일부러 못 본 체 지나가는 것도
그러한 면에서 영리한 처사다.

또한 매사에 예의를 지켜
그들과 부딪칠 일을 만들지 않으면
그런 사람들이 꾸며내는 온갖 복잡한 일들에서
간단히 벗어날 수 있다.

__발타자르 그라시안

평화롭게 사는 것이 오래 사는 길이다

살고자 하면
삶을 그냥 내버려두라.
평화로운 사람은
삶을 스스로 살뿐더러
삶 위에 군림한다.
보고, 듣고, 침묵을 지켜라.

낮 동안 싸우지 않은 자는
한밤에 평화롭게 잠이 든다.
오랫동안 기분 좋게 산다는 것은
모두와 더불어 사는
길이자 평화의 결실이다.

매사에 일일이 날을 세우며
사는 것만큼
고약하고 부조리한 태도는 없다.

__발타자르 그라시안

지금 이 순간에 머물러라

지금 이 순간에 온전히 머물 때,
당신은 후회나 불안에 끌려 다니지 않을 수 있습니다.

깨어있는 마음으로 걷는 한 걸음 한 걸음은
우리의 행복을 키워주는 봄비 같은 것입니다.
걷고 먹는 것은 우리가 매일 하는 일상입니다.
그러나 대부분의 사람들은 걸을 때 온 마음을 다해 걷지 않습니다.
일과 걱정에 온 마음을 빼앗겨버리니까요.
그래서 사람들은 자유롭지 못합니다.

걸을 땐 깨어있는 마음으로 걸으십시오.
깨어있는 마음만 있다면 당신은 이제 과거를 후회할 필요가 없습니다.
깨어있는 마음은 사랑하는 사람들을 진정으로 볼 수 있게 해주고,
그들을 마음으로 받아들일 수 있게 해줍니다.
이것이 바로 우리를 진정으로 살아있게 하는
힘이며 행복하게 하는 힘입니다.

_틱낫한

좋은글 긴생각 필사노트

초판 1쇄 발행 | 2026년 3월 20일

엮은이 | 강민구

펴낸곳 | 북씽크

펴낸이 | 강나루

주   소 | 서울시 서초구 명달로24길 46, 3층 302호

전   화 | 070 7808 5465

등록번호 | 제 708-95-01846

ISBN 979-11-7321-154-6 13200

copyright ⓒ 2026 강민구

잘못 만들어진 책은 구입처에서 교환해 드립니다.